LE LUTRIN

DE BOILEAU,

Extrait du quatrième Recueil

DES

POÉSIES FRANÇAISES

Distribuées et annotées, à l'usage des Colléges,

PAR

LE P. ARSÈNE CAHOUR,

De la Compagnie de Jésus.

PARIS,

CHARLES DOUNIOL, LIBRAIRE-ÉDITEUR,

Rue de Tournon, 29.

1857

LE LUTRIN

DE BOILEAU

LE LUTRIN

DE BOILEAU,

Extrait du quatrième Recueil

DES

POÉSIES FRANÇAISES

Distribuées et annotées, à l'usage des Colléges,

PAR

LE P. **ARSÈNE CAHOUR,**

De la Compagnie de Jésus.

PARIS,

CHARLES DOUNIOL, LIBRAIRE-ÉDITEUR,

Rue de Tournon, 29.

—

1857

LE LUTRIN,

poëme héroï-comique, par BOILEAU [1]. — 1674-1683.

Le *Lutrin* est un poëme satirique ; il demande donc deux appréciations différentes : l'une purement littéraire, qui en expose la valeur poétique ; l'autre historique et morale, qui en montre les exagérations et en dévoile les malices. La première de ces appréciations a été faite ; l'autre reste à faire ou plutôt à retrouver dans l'histoire ; et nous avons cru devoir nous attacher uniquement à cette seconde étude. La critique s'est, en effet, tant de fois prononcée sur ce poëme, en le déclarant un chef-d'œuvre, elle en a si bien analysé les beautés jusque dans leurs moindres détails que, de ce côté ne voyant rien à ajouter, nous nous contenterons du jugement des autres [2]. Mais les commentateurs de Boileau nous ont dit si peu de chose sur l'inspiration morale de son *Lutrin* et sur les rapports qu'on y peut trouver entre la fable et l'histoire que, de cet autre côté, nous avons vu tout un travail à entreprendre, et nous l'avons essayé. La longueur de ce travail nous paraît motivée par son importance, puisqu'il s'agit d'un monument de notre poésie, et nécessitée par sa nouveauté, car des faits énoncés pour la première fois ont besoin de développements et de preuves. C'est heureusement de l'histoire ; et l'histoire s'allonge plus impunément qu'une dissertation philosophique. Ajoutons que la réhabilitation d'un homme distingué et bien méritant de l'Église ne saurait coûter trop cher. Or, cet homme honorable entre tous ceux dont Boileau a compromis la mémoire est le héros même du *Lutrin*.

Rendons d'abord aux personnages de cette épopée burlesque leur physionomie véritable ; puis nous dirons à quelle occasion et comment ils furent ridiculisés sous le patronage *posthume* d'un grave et religieux magistrat ; et sous le voile de la fable se montreront de petites vengeances de parti.

---

[1] Né en 1636, mort en 1711. — [2] Celui de Laharpe surtout est remarquable.

I

LES HÉROS DU LUTRIN.

Le principal personnage du *Lutrin* est un trésorier ou archichapelain de la Sainte-Chapelle. Or, à l'époque où ce poëme parut, le prélat honoré de ce titre était Claude Auvri, vieillard alors âgé de soixante-sept ans, dont les commentateurs de Boileau ne connaissent plus aujourd'hui que le nom et le masque poétique. Commençons par sa biographie [1].

Né à Paris vers 1607, dans une condition honnête, mais obscure, puisque son père était un marchand de drap [2], Claude Auvri s'avança rapidement dans les dignités ecclésiastiques et ne dut son élévation qu'à son intelligence et à son caractère. C'est dans la capitale du monde chrétien qu'avait commencé sa fortune : il y fit sa philosophie auprès d'un de ses oncles, qui l'y avait appelé, y reçut le bonnet de docteur [3] et y donna la première preuve de son habileté en dédiant sa thèse à Urbain VIII, qui voulut le voir, eut bonne opinion de son esprit, et lui conféra le prieuré de Chastenay, en Lorraine, avec un archidiaconé et une prébende à Toul. A la même époque et dans la même ville commencèrent ses relations avec le futur grand aumônier de France, le cardinal Antoine Barberini, neveu du pape, et surtout avec Jules Mazarin, alors simple étudiant, qui, ayant reconnu dans le jeune abbé français, son condisciple sur les bancs de la jurisprudence, un homme de tête et de cœur, en fit son ami. Ils étaient du même âge à peu près [4]; ils s'avancèrent ensemble, le futur ministre de Louis XIV ne faisant jamais un pas dans les dignités ecclésiastiques que le futur héros du *Lutrin* n'arrivât bientôt derrière lui.

En 1632 Claude était occupé à Rome, depuis six ans, de l'expédition des affaires bénéficiales pour le clergé de France, lorsque Jules, illus-

---

[1] L'historien moderne des évêques de Coutances, M. l'abbé Lecanu, a ébauché l'histoire de ce prélat, en oubliant toutefois les particularités de sa vie qui l'ont fait tomber sous la plume de Boileau. Ce judicieux écrivain, se tenant à son sujet, a tracé la biographie de son ancien évêque; nous tenant au nôtre, nous allons essayer celle du héros du *Lutrin*. — [2] Pannorum propola. (*Gallia christiana*, tome XI, p. 906.) La mère de Claude Auvri, devenue veuve, épousa en secondes noces un certain Andrenas, frère du capitaine Andrenas, lieutenant du chevalier du guet à Paris. (Bibl. impér. man., fonds *Gaignières*, 137-138, f. 159.) — [3] *Ibid.*, f. 160. — [4] Mazarin était né en 1602, cinq ans avant Claude Auvri.

tré tout à coup par la paix de Quérasque et devenu le protégé de Richelieu, fut recommandé par ce ministre au comte de Brassac, ambassadeur auprès du saint-siége ; et la même année Louis XIII écrivait au même ambassadeur pour procurer au jeune Auvri la place de clerc du sacré consistoire. Deux ans après Mazarin arrive à Paris en qualité de nonce extraordinaire, et son ami obtient une seconde lettre du roi à son nouvel ambassadeur, le comte de Noailles, qui est prié de le faire maintenir dans sa charge et de lui donner toute assistance dans les occasions qui se présenteront pour son avancement. Nous le trouvons, en effet, chargé d'une mission pour la cour de Turin cette année-là même : il n'avait alors que vingt-sept ans. Mazarin, après avoir revu Auvri à Rome en 1636, revient à Paris en 1639, est créé cardinal en 1641, et Auvri se trouve à la suite du prélat qui lui apporte la barrette en France, le 25 février 1642 [1].

Revêtu de la pourpre romaine et successeur de Richelieu, Mazarin pensa de plus en plus à son ami : il en fit son maître de chambre ou camérier [2] ; et quatre ans après, au mois de mars 1646, Claude fut nommé par le roi au siège épiscopal de Saint-Flour. Il préféra l'évêché de Coutances, devenu libre à la même époque ; l'obtint le 27 juillet de la même année ; fut proposé au consistoire le 23 décembre, par le cardinal d'Est, protecteur de France, et sacré le 15 février suivant. La reine mère, Anne d'Autriche, l'avait recommandé tout spécialement à Rome ; et, par une honorable distinction, Innocent X lui fit donner le *gratis entier* de ses bulles en considération des services qu'il avait rendus à l'Eglise [3].

Avant de prendre le chemin de la Normandie, le nouvel évêque se fit précéder par d'heureuses nouvelles, qui annonçaient le crédit dont il jouissait à la cour. Un messager partit tout exprès de Paris pour apprendre à sa bonne ville de Coutances une diminution des tailles, une exemption des logements militaires et la translation dans un autre lieu des prisonniers espagnols, dont la garde était à la charge des habitants. Claude Auvri avait, en outre, refusé par amitié pour eux une troisième mitre plus avantageuse que le roi venait de lui proposer. Aussi fut-il accueilli avec des démonstrations de joie extraor-

---

[1] M. l'abbé Lecanu dit que le pape ne crut pas pouvoir choisir quelqu'un plus agréable au cardinal que Claude Auvri pour lui apporter la barrette. (*Hist. des Évêques de Coutances*, p. 357 ; Coutances, 1839.) L'historien de Mazarin, Aubery, la lui fait apporter par Tomaso Vallemani, camérier d'honneur du pape. (T. I, p. 91 ; Paris, 1688.) Nous en concluons que l'ami de Mazarin était au moins de ceux qui furent envoyés de Rome à Paris à cette occasion. — [2] Biblioth. impér., ms. cité, p. 160. — [3] *Ibid.* Lettre datée de Rome, le 23 décembre 1646.

dinaires quand il fit son entrée solennelle dans sa ville épiscopale, le 15 septembre 1647 [1].

C'était, d'après la relation qui nous est restée de cette pompe, un homme d'auguste et majestueuse apparence : sa taille était élevée, son visage serein et gracieux, sa voix ravissante, et tout son maintien annonçait une bonté grave [2]. Il avait pris pour devise : Force et douceur, *fortiter et suaviter;* et ces deux qualités se trouvèrent, au grand contentement des Coutançais, dans deux anagrammes prophétiques. Car les beaux-esprits de son diocèse s'étant mis, suivant l'usage du temps, à combiner de cent façons différentes les lettres du nom qui lui était providentiellement échu, dans *Claudius d'Auvri* parurent un preux à la façon de David, *valor Davidicus,* et un David débonnaire, *David vacuus ira* [3]. « Ledit seigneur évêque portait d'azur à la fasce d'or chargée d'une tête de lion de sable, langue de gueules, accompagnée de trois roses d'argent, deux en chef et l'autre en pointe. » On expliqua ses armoiries en prose et en vers ; et l'historien de son triomphe, Hilaire de Morel, remarqua surtout les distiques suivants, sortis, dit-il, de la boutique du sieur Jean de Caen, professeur d'éloquence au collège de Coutances :

Festinate, viri, miracula rara tueri :
   En leo per medias vult habitare rosas;
Fortem quippe leo signat, rosa blandula mitem.
   En capio : jungunt fœdera vis et amor [4].

Claude Auvri était-il, en effet, tout ensemble énergique et débonnaire ? *Le Lutrin* en fait un prélat endormi, mais terrible à son réveil ; et l'abbé Jacques Boileau, expliquant le poëme satirique de son frère, nous montre dans l'ancien camérier du cardinal Mazarin, devenu trésorier de la Sainte-Chapelle, un homme assez réglé dans ses mœurs, d'ailleurs très-ignorant et d'un mérite fort au-dessous du médiocre [5], c'est-à-dire un brave homme, mais un sot. La vie tout entière de l'ami du cardinal-ministre atteste la supériorité de son esprit ; ne retenons donc du témoignage de son adversaire que l'hommage rendu à

---

[1] *Relation véritable des cérémonies observées par les habitants de la ville de Constances à l'entrée solennelle de Mgr l'illustrissime et révérendissime évêque dudit lieu, prenant possession de son évesché le 15e jour de septembre, année présente 1647,* par M. de Morel, conseiller, p. 8, 9 et 69. (Constances, 1647, in-4º.) — [2] *Ibid.,* p. 27. Brossette, dans sa note sur le soixante-septième vers du premier chant du *Lutrin,* dit aussi que ce prélat était de grande taille. — [3] Morel, *Relation* citée, p. 73. — [4] *Ibid.,* p. 30 et 72. — [5] *Lettre de l'abbé Boileau à Brossette; œuvres* de Boileau Despréaux, t. IV, p. 447. (Paris, 1821.)

sa vertu. Si le héros du *Lutrin* avait été emporté, comme il apparaît dans ce poëme, l'abbé Boileau nous l'aurait dit.

Quant à la force d'âme du fameux prélat, elle nous est prouvée autrement que par les fabuleux combats de la Sainte-Chapelle. Il était évêque depuis deux ans quand la Fronde éclata contre le cardinal-ministre, son protecteur et son ami. Sa ville épiscopale se remua, son chapitre se déclara pour les révoltés ; fidèle au parti de la cour, il monta à cheval, parcourut les rues armé de toutes pièces, dispersa les factieux, veilla à la conservation des deniers publics et maintint l'ordre avec la fermeté d'un général d'armée. Le gouverneur de Normandie, le duc de Longueville, qui avait soulevé la province pour le parti des mécontents, voulut le faire arrêter ; l'évêque, trop faible pour lui tenir tête, se retira à Saint-Germain au mois de mars 1649, y trouva la paix faite, et revint à Paris avec le cardinal Mazarin[1]. La régente et son ministre n'oublièrent pas alors le prélat qui avait combattu pour eux : en 1650 ils l'envoyèrent à Rome, chargé d'une mission honorable[2].

L'année suivante, la guerre civile ayant recommencé, Mazarin, proscrit par le Parlement, se retira à Cologne, et laissa l'évêque de Coutances à Paris pour y surveiller les affaires et l'informer de tout. Nous voyons, en effet, Claude Auvri, prenant sa défense, tenir conseil, en 1651, dans la salle des archives du clergé, avec douze autres prélats, pour protester dans les termes les plus énergiques contre trois arrêts du tribunal laïque, qui avait dépassé ses droits en condamnant un prince de l'Église[3]. Le triomphe du ministre, revenu à Paris plus puissant que jamais le 2 février 1653, ouvrit une ère nouvelle à la fortune de l'évêque son fidèle ami. C'est alors, sans doute, que Claude Auvri fut nommé conseiller du roi en ses conseils[4]. C'est aussi cette année-là que le cardinal Antoine Barberini, neveu d'Urbain VIII, ayant été nommé grand aumônier de France, choisit pour vicaire général l'évêque de Coutances, qu'il avait connu à Rome et qui, dit-on, venait

---

[1] *Gallia christ.*, t. XI, p. 906. M. l'abbé Lecanu, *Hist. des évêques de Coutances*, p. 243. — [2] Nous lisons dans une lettre du 22 mars 1650 : « La reine, voulant de bonne heure inspirer à notre jeune monarque des sentiments dignes d'un roi très-chrétien et fils aîné de l'Église, a nommé l'évêque de Coutances pour aller remercier le pape, au nom de Sa Majesté, des brefs que Sa Sainteté leur a envoyés pour gagner le jubilé de cette année, et témoigner leurs respects envers sa personne et le saint-siége. Ce choix a été approuvé de toute la cour, pour les mérites et le grand zèle que ce prélat a fait paraître pour le service du roi. » (Biblioth. impér., manuscrit cité, p. 161.) — [3] *Procès-verbaux des assemblées générales du clergé de France*, t. IV; *pièces justif.*, p. 1. — [4] Il prend ce titre dans un mémoire in-folio de 69 pages, qui est intitulé : *Extraits fidels et autentiques de plusieurs chartres, titres et arrests dont messire Claude Auvry, conseiller du roi en ses conseils et ancien évêque de*

de le réconcilier, ainsi que Mazarin, avec Innocent X[1]. La même année encore [2] il fut élevé par Louis XIV à la dignité de trésorier, qui lui valut, vingt ans plus tard, la triste immortalité que lui avaient pronostiquée les faiseurs d'anagrammes. Car, suivant l'expression du sieur Hilaire de Morel, les Coutançais, ayant voulu lui montrer leur affection par la pointe de leur esprit, avaient trouvé dans son nom français *au ciel vivra,* et dans son nom latin un souhait de longue et glorieuse vie, *vivat diu clarus!* une promesse de louange à toute force, *vir vi laudandus*[3]. Hélas ! ce fut la satire qui s'en chargea : voilà Boileau et *le Lutrin* qui arrivent.

La collégiale de la Sainte-Chapelle, présidée par le trésorier, était composée d'un chanoine chantre en titre d'office, de onze autres chanoines, de six chapelains perpétuels, de treize sous-chapelains et d'autant de clercs ; car chaque chanoine était tenu d'avoir un chapelain non bénéficier et un clerc diacre ou sous-diacre, qu'il entretenait à ses frais [4]. Tous ces chapelains, car tous étaient considérés comme de simples chapelains, même le chantre et les chanoines, dont le nom n'était qu'honorifique, devaient obéir en tout au maître-chapelain ou trésorier, seul dignitaire parmi eux. Mais l'ambition et les misères humaines s'étaient glissées là comme partout : le chantre tendait à devenir l'égal du trésorier ; et les chanoines, mettant le chantre à leur tête, essayaient, depuis deux siècles, de se constituer en chapitre indépendant ; en sorte que le prélat qui les gouvernait devait toujours être sur ses gardes pour les empêcher d'empiéter sur ses droits et pour arrêter les prescriptions quand il leur avait accordé, en passant, quelque chose. Claude Auvri, à peine installé, avait eu, comme ses prédécesseurs, à lutter contre des prétentions et des abus dont les principaux détails vont nous montrer l'état des affaires et des esprits

---

Constances, se sert pour faire voir, en sa qualité de trésorier de la Sainte-Chapelle de Paris, les droits de supériorité, d'authorité, et la pleine et entière jurisdiction qu'il a dans la Sainte-Chapelle royale du Palais à Paris et dépendances. (Paris, de l'imprimerie de Jacques Langlois, 1680.)

[1] M. l'abbé Lecanu, histoire citée, p. 338. *Gallia christ.,* t. XI, p. 906. — [2] Le 3 avril 1653. — [3] Ces prophéties faisaient encore à cette époque impression sur quelques esprits. « Je sais bien, dit Hilaire de Morel en rapportant celle-ci, qu'il ne faut pas ajouter créance, comme font quelques cabalistes, à ces transpositions... de lettres. Mais aussi je ne les veux pas entièrement rejeter, sachant bien qu'elles peuvent quelquefois être prophétiques. » *Relation* citée, p. 75. — [4] Le nombre des sous-chapelains et des clercs était donc de vingt-six ; mais, en raison de la diminution des revenus de la Sainte-Chapelle par la soustraction des régales, ce nombre, en 1681, fut réduit provisoirement à vingt. *Constitution des trésoriers, chanoines et collége de la Sainte-Chapelle royale du Palais,* p. 70 et 71. (Paris, 1779, in-12.) Jérôme Morand, *histoire* citée, p. 225.

au moment où Boileau prit la plume. Nous les trouvons dans une *sentence arbitrale* de 1657[1] et dans un *mémoire* rédigé en 1680 par Claude Auvri lui-même[2].

1° D'après les statuts, tous les chanoines devaient être prêtres; et la plupart, après avoir promis de se faire ordonner dans l'année qui suivrait leur prise de possession, avaient refusé le sacerdoce, qui, sans doute, les aurait gênés. Ils étaient gens du monde autant qu'hommes d'église; on les voyait plus souvent en habit de ville qu'en costume ecclésiastique. Cette disposition d'âme explique leurs allures un peu vives et leurs prétentions trop mondaines.

2° Le trésorier avait droit d'officier en habits pontificaux, même lorsqu'il n'était que simple prêtre; et toute la collégiale devait s'incliner sous sa main quand il donnait sa bénédiction, ayant la crosse et la mitre. Mais comme Claude Auvri était de plus évêque, il pouvait bénir en simple camail et en rochet. Or, ses chanoines refusaient alors de baisser la tête. La *sentence arbitrale* prononcée en 1657 les y obligea; mais ils en appelèrent, et c'est pour cela que dans le combat du *Lutrin* les bénédictions du prélat mettent tous ses chanoines en fuite[3].

> Partout le doigt vainqueur les suit et les rattrape.
> Évrard seul, en un coin prudemment retiré,
> Se croyait à couvert de l'insulte sacré;
> Mais le prélat vers lui fait une marche adroite;
> Il l'observe de l'œil; et, tirant vers la droite,
> Tout d'un coup tourne à gauche, et d'un bras fortuné

---

[1] Jérôme Morand, *histoire* citée, *Preuves*, p. 108 et suiv. — [2] *Extraits fidels et autentiques*, etc., cité ci-dessus, p. 36, note 4. — [3] C'est faute d'avoir connu cette pièce que les commentateurs du *Lutrin* se sont perdus en conjectures pour nous dire où Boileau avait pris l'idée de ce triomphe. Saint-Marc n'y a vu qu'une imitation de *la Secchia rapita*, où le nonce du pape bénit aussi, mais d'une tout autre façon, les soldats bolonais qui défilent religieusement devant lui. D'autres, avec plus de vraisemblance, s'en sont tenus au témoignage de Cizeron-Rival, éditeur des *Lettres familières* de Boileau et de Brossette. Après avoir raconté que le cardinal de Retz, coadjuteur de Paris, étant un jour en procession, vit passer le grand Condé, avec lequel il était brouillé, se tourna brusquement vers lui, lui envoya une grande bénédiction, mit ensuite le bonnet à la main et le salua profondément, Cizeron ajoute que l'auteur du *Lutrin* avait pris dans cette plaisante rencontre l'idée des bénédictions adroitement et victorieusement données par le trésorier à ses ennemis. (Voyez le *commentaire* de Saint-Surin sur les *œuvres* de Boileau, t. II, p. 437; Paris, 1821.) Il est possible, en effet, que la surprise du chanoine Évrard ait été suggérée au poète par celle du grand Condé béni à l'improviste; mais ce n'est là qu'un accident du triomphe dont il fallait chercher la raison dans l'histoire même des différends qui avaient inspiré le poème tout entier.

Bénit subitement le guerrier consterné.
Le chanoine, surpris de la foudre mortelle,
Se dresse, et lève en vain une tête rebelle ;
Sur ses genoux tremblants il tombe à cet aspect,
Et donne à la frayeur ce qu'il doit au respect.
Dans le temple aussitôt le prélat plein de gloire
Va goûter les doux fruits de sa sainte victoire ;
Et de leur vain projet les chanoines punis
S'en retournent chez eux éperdus et bénis.

3° Le chantre et les chanoines, ainsi que nous l'avons dit, cherchant à se constituer en chapitre indépendant du trésorier, en étaient venus, à force d'empiétements successifs et de prescriptions habilement ménagées, à contrôler ses actes, à l'obliger de les consulter quand il voulait apporter quelque modification aux usages du cloître ou du chœur ; à en appeler de ses sentences à celles du Parlement, qui avait fini par reconnaître quelques-unes de leurs prétentions confirmées par le temps. Les trésoriers, avertis par l'abus, étaient donc obligés de défendre leur autorité jusque dans les moindres détails et de la ressaisir quand l'occasion s'en présentait.

Cet état de choses nous amène au procès dont *le Lutrin* fut la parodie. Le chantre, second personnage de la collégiale, mais personnage sans autre pouvoir que celui d'une simple surveillance au chœur, avait un siége distingué, mais variable et soumis au choix du trésorier, qui pouvait, à son gré, le faire asseoir à côté de lui ou dans la première des stalles à gauche en face de la sienne [1]. Ce chantre, au temps de Claude Auvri, était un certain abbé Jacques Barrin, âgé de cinquante ans, gentilhomme breton et fils de M. Barrin de La Galissonnière, maître des requêtes. En possession de sa charge depuis seize années, mais chanoine depuis sa jeunesse, il nous a tout l'air d'avoir été du nombre de ceux qui avaient trouvé plus commode de ne pas s'embarrasser du sacerdoce, auquel pourtant leur canonicat les obligeait. C'était, suivant l'abbé Boileau, frère du poëte, un homme distingué dans l'épée comme dans la robe. Pendant les troubles de la Fronde il avait obtenu le grade de lieutenant dans la *Colonelle* ou compagnie chargée de la défense du Palais, en sorte qu'on l'avait souvent vu le même jour passer du chœur au corps de garde, déposer la chape et le bâton cantoral pour prendre l'uniforme et l'épée [2]. Ses habitudes peu cléricales et ses tendances mon-

---

[1] Morand, *histoire* citée, p. 114. *Constitutions des trésoriers, chanoines et collége de la Sainte-Chapelle*, p. 29. — [2] Morand, p. 295 et 296. *Lettre* de l'abbé Boileau à Brossette ; œuvres de Boileau Despréaux, t. IV, p. 447.

daines ne devaient pas le rendre facile à gouverner : ses prétentions, s'il fallait en croire l'auteur du *Lutrin* et son commentateur Brossette, seraient même allées jusqu'à vouloir officier, lui aussi, en habits pontificaux, être encensé à part comme un prélat et donner des bénédictions à l'assistance ; en sorte qu'il aurait fallu un arrêt du Parlement pour le remettre à sa place et pour rogner son rochet, sans lui ôter toutefois le droit et la consolation de bénir quelquefois l'assemblée. Mais cet arrêt, dit Jérôme Morand, chanoine et historien de la Sainte-Chapelle, n'a été vu par personne ; et le chantre n'a jamais eu aucune des prérogatives que Boileau s'amuse à lui donner [1].

Il n'y a en tout cela qu'une seule chose véritable, c'est que l'abbé Barrin, au moment de son installation, avait fait enlever arbitrairement un pupitre placé de temps immémorial devant la stalle qui lui avait été assignée. Le trésorier d'alors, Édouard Molé, avait fermé les yeux sur cet acte d'insubordination ; Claude Auvri, son successeur deux années après, parut en faire autant pendant quatorze ans ; mais craignant sans doute la prescription et trouvant là, d'ailleurs, une occasion de montrer son pouvoir à des gens qui le contestaient, il fit remettre le pupitre à son ancienne place le 31 juillet 1667. Nous ne saurions dire si ce fut pendant la nuit ou dans la matinée, après la grand'messe. Ce qui est certain, c'est que le chantre ne l'aperçut qu'en venant aux vêpres : il fallut siéger par derrière ; et, pour comble de mésaventure, c'était un jour de dimanche [2]. Dès le soir même, l'office achevé, le chantre, blessé au vif, fit enlever le malheureux pupitre, qu'il revoyait pour la première fois depuis seize ans ; courut chez les chanoines, qui n'avaient pas été consultés ; les échauffa sur le passe-droit qu'on leur avait fait en ne prenant pas leur avis ; fit valoir auprès d'eux ses longs services à la Sainte-Chapelle : c'était un outrage à sa personne, une injure au chapitre. Son émotion fut partagée ; il paraît même que la plupart de ses confrères s'engagèrent à l'appuyer.

Après trois jours de réflexion, le mercredi 4 août, l'abbé Barrin se pourvut aux requêtes du Palais. N'osant pas attaquer directement le trésorier lui-même, il s'en prit aux sieurs Frontin et Sirude ou

---

[1] *Histoire* citée, p. 116. A la preuve négative de Morand nous pouvons ajouter un argument positif, qui en finira avec l'assertion par trop ridicule du commentateur historique de Boileau. Nous avons sous les yeux deux listes authentiques et bien détaillées de tous les griefs réciproques du trésorier et du chantre à l'époque qui nous occupe, puisque l'une est de 1657 et l'autre de 1680 ; or, ni de loin ni de près, il n'y est fait la plus légère allusion aux prétentions gravement attestées par Brossette et répétées depuis lui par tous les éditeurs du *Lutrin*. — [2] *Ibid.*, p. 218. Lettre de l'abbé Boileau à Brossette ; œuvres de Boileau Despréaux, t. IV, p. 447, 450, 451. (Paris, 1821.)

Cyreult[1], prêtres et sous-marguilliers ou sacristains, et demanda que défense leur fût faite de jamais replacer le pupitre devant son siège, sous peine de cent livres d'amende et de tous dépens, dommages et intérêts[2].

Claude Auvri, d'autre part, prenant fait et cause pour ses sacristains, leur défendit de se présenter devant un tribunal dont ils devaient refuser la compétence dans un pareil débat, et fit assigner lui-même son chantre à comparaître par-devant l'official de la Sainte-Chapelle, juge naturel de tous les cas de discipline et de tous les différends qui surgissaient au chœur ou dans l'enceinte du cloître. Cette procédure était, en effet, conforme aux statuts de la collégiale. Il va sans dire que le chantre persista dans la sienne. Sur ce conflit de juridictions, l'affaire fut évoquée aux requêtes du Palais, par sentence rendue à la barre de la Cour, dès le jeudi 5 août; preuve que le chantre et ses juges ne s'endormaient pas. Les tribunaux séculiers étaient friands de pareilles causes, qui étendaient leur autorité aux dépens des tribunaux ecclésiastiques.

Il fallait, pour éviter l'éclat et le scandale, trouver un arbitre agréable aux deux parties. Le premier président, Guillaume de Lamoignon, était trop près pour qu'on n'eût pas recours à lui. Car il était paroissien de la Sainte-Chapelle; et son hôtel, situé dans l'enclos du Palais, était à cent pas du cloître. C'est ce voisinage qui, dans le sixième chant du poëme, fera dire à Thémis, indiquant sa demeure à la Piété :

> Vers ce temple fameux, si cher à tes désirs,
> Où le Ciel fut pour toi si prodigue en miracles,
> Non loin de ce palais où je rends mes oracles,
> Est un vaste séjour des mortels révéré
> Et de clients soumis à toute heure entouré.
> Là, sous le faix pompeux de ma pourpre honorable,
> Veille aux soins de ma gloire un homme incomparable,
> Ariste, dont le Ciel et Louis ont fait choix
> Pour régler ma balance et dispenser mes lois.

Trois chanoines allèrent donc prier le religieux magistrat d'intervenir, non comme premier président, mais comme paroissien et ami.

Guillaume de Lamoignon y consentit, et écouta les raisons et les plaintes des deux parties. Le chantre fit valoir l'incommodité d'un

---

[1] Brossette écrit *Sirude*, et Morand, *Cireult*. — [2] Morand, *histoire* citée, p. 218.

objet qui gênait la surveillance du chœur, à laquelle il était obligé; la prescription, puisqu'il avait été seize années à sa stalle sans pupitre; l'illégitimité d'une innovation faite sans l'avis du chapitre. Le trésorier, après avoir d'abord refusé un arbitrage qui blessait ses droits, puisque, d'après les statuts de saint Louis, ses chanoines devaient lui obéir et n'être jugés que par lui, s'appuya sur les prérogatives de sa charge et sur l'obligation où il se trouvait de maintenir, de reconquérir même son autorité. Les pourparlers ne durèrent pas moins de trois semaines. Enfin, le dernier jour d'août, Lamoignon fit consentir le prélat et son chantre à un accommodement où le droit du premier était reconnu et l'amour-propre du second était ménagé. Il fut convenu que M. l'abbé Barrin ferait lui-même replacer le pupitre; et que Mgr l'archichapelain, se contentant de cette reconnaissance de son droit, le ferait enlever dans les vingt-quatre heures. Le magistrat ayant même fait entendre qu'il serait édifié et joyeux de voir la chose exécutée dès le jour suivant, 1er septembre, lorsqu'il se rendrait, selon son habitude, à la Sainte-Chapelle pour y assister à la messe, le chantre alla dès le soir remettre humblement devant sa stalle l'objet de son chagrin; et le lendemain le trésorier, après l'y avoir laissé pendant les matines et la grand'messe, le fit disparaître pour toujours [1].

« Ce démêlé, dit Brossette, renseigné par l'auteur du *Lutrin* lui-même, parut si plaisant à M. le premier président de Lamoignon qu'il proposa un jour à M. Despréaux d'en faire le sujet d'un poëme, que l'on pourrait intituler : *la Conquête du Lutrin* ou *le Lutrin enlevé*, à l'exemple de Tassoni, qui avait fait son poëme de *la Secchia rapita* sur un sujet presque semblable. M. Despréaux répondit qu'il ne fallait jamais défier un fou, et qu'il l'était assez non-seulement pour entreprendre ce poëme, mais encore pour le dédier à M. le premier président lui-même. Ce magistrat n'en fit que rire; et l'auteur, ayant pris cette plaisanterie pour une espèce de défi, forma dès le même jour l'idée et le plan de ce poëme, dont il fit même les premiers vers. Le plaisir que cet essai fit à M. le premier président encouragea M. Despréaux à continuer [2]. »

Cinq ans après ce défi réel ou supposé *le Lutrin* parut. En le lisant, il est impossible de ne pas se dire à soi-même : Qu'avaient donc fait à Boileau ce pauvre trésorier et son chapitre pour être aussi cruellement traités; et comment un magistrat aussi religieux et aussi grave que Guillaume de Lamoignon a-t-il pu accepter la dédicace et le patronage d'une satire où l'on tournait en ridicule non-seulement

---

[1] Morand, *histoire citée*, p. 218-220. Brossette, *œuvres* de Boileau, t. I, p 415, *note*. (Genève, 1716.) — [2] Brossette, *ibid.*, p. 355, *note*.

un honnête prélat, qui vivait encore, mais son propre confesseur?
Car cet Alain qui tousse dès qu'il ouvre la bouche,

> Alain, ce savant homme,
> Qui de Bauny vingt fois a lu toute la Somme,
> Qui possède Abély, qui sait tout Raconis
> Et même entend, dit-on, le latin d'A-Kempis,

Alain n'est pas autre chose que le pieux abbé Jacques Aubery, honoré d'un triple canonicat, et, de plus, confesseur du premier président auquel ces vers sont dédiés [1].

La réponse à la première de ces questions va se trouver dans les rancunes du poëte et la réponse à la seconde dans son habileté. Commençons par ses rancunes, en reprenant l'histoire du trésorier et en montrant dans ce prélat un des plus rudes adversaires du parti auquel Boileau prêta, comme Pascal, l'appui de la satire.

En 1653, quelques mois après l'installation de l'évêque de Coutances à la Sainte-Chapelle, arriva à Paris la bulle d'Innocent X, bulle qui condamnait les cinq fameuses propositions extraites de l'*Augustinus* et par là même la substance des doctrines jansénistes. Il fallait donner à cette sentence du chef de l'Église une promulgation prompte et solennelle. Le cardinal Mazarin, s'entendant avec le nonce du pape, se hâta donc de réunir en synode extraordinaire vingt-huit évêques, qui se trouvaient alors à Paris. Les séances se tinrent dans son propre palais; il les présida lui-même; et les prélats, défenseurs de la foi catholique, après avoir voté de vives actions de grâces au vicaire de Jésus-Christ, notifièrent sa bulle à tout l'épiscopat français, envoyèrent même dans tous les diocèses un projet de mandement pour la publication uniforme et simultanée de la sentence apostolique.

Les jansénistes ne virent, bien entendu, que de la politique dans le zèle du cardinal-ministre, que de la servilité et de l'ignorance dans les prélats cabalant sous ses ordres. Ce fut, dit leur historien Gerberon, le premier pas de clerc et le commencement des entreprises irrégulières des évêques de cour à l'égard des matières sur lesquelles on disputait alors. Ils passèrent, ajoute-t-il, par-dessus tout; s'érigèrent en concile national; mirent à leur tête un cardinal qui n'était pas prêtre; et, allant même plus loin que le vicaire de Jésus-Christ, ils *fourrèrent* adroitement dans la lettre qu'ils lui écrivirent

---

[1] L'abbé Aubery, frère aîné de l'infatigable historien Antoine Aubery, était tout à la fois chanoine de Saint-Jacques-du-Haut-Pas, du Saint-Sépulcre et de la Sainte-Chapelle. C'était le premier président lui-même qui lui avait procuré ce troisième canonicat, le 8 mars 1662, afin de l'avoir plus près de lui. Morand, *histoire* citée, p. 301.

que les cinq propositions étaient tirées des livres de Cornélius Jansénius, évêque d'Ypres, quoique ce fait n'eût encore été décidé ni par le pape ni par le clergé de France [1].

Claude, évêque de Coutances et déjà trésorier de la Sainte-Chapelle, non-seulement se trouva à cette assemblée du mois de juillet, convoquée, présidée, menée par le cardinal, dont il était le confident; mais il fut l'un des neuf commissaires chargés de la rédaction des lettres qu'on allait écrire au souverain pontife et aux évêques du royaume [2].

L'année suivante, au mois de mars, Claude Auvri figura de nouveau dans un second synode, encore présidé par le cardinal Mazarin et assemblé pour pousser les novateurs jusque dans leurs derniers retranchements, en déclarant et en priant le chef de l'Église de déclarer lui-même que les cinq propositions étaient réellement contenues dans le livre de Jansénius et avaient été condamnées dans le sens de leur auteur [3]. Il fit même partie d'une réunion de quinze évêques seulement qui, le 20 mai 1655, interprétant la volonté du saint-siège et de l'épiscopat français, prirent sur eux d'ouvrir un bref d'Innocent X en réponse aux lettres du synode de 1654, bien que ce bref fût adressé à la future assemblée du clergé, et qui le notifièrent avec la même assurance à tous les prélats absents [4].

Dès lors commença la vengeance qui, dix-neuf ans plus tard, devait être couronnée par *le Lutrin*. L'assemblée générale du clergé avait été annoncée pour le mois d'octobre 1655, et dans toutes les provinces ecclésiastiques du royaume les comices étaient ouverts pour la nomination des députés. Le trésorier de la Sainte-Chapelle, en sa qualité d'évêque de Coutances, s'était donc rendu à Rouen avec les autres prélats de la Normandie; et tout y présageait une élection paisible. Le 17 septembre il avait prononcé à la cathédrale, en présence de l'archevêque et du chapitre, le serment exigé des évêques la première fois qu'ils prenaient place dans les assemblées provinciales. Messeigneurs de Séez, de Bayeux et d'Avranches en avaient fait autant. La cérémonie achevée, le jeune métropolitain, François de Harlay, leur annonça l'ouverture des séances pour le 20, et regagna son château de Gaillon, situé à neuf lieues de Rouen : c'était là que l'élection devait se faire, et Mgr d'Evreux s'y trouvait déjà [5].

Non-seulement le trésorier de la Sainte-Chapelle avait été gracieusement accueilli, mais le marquis de Breval, frère aîné de l'archevêque, était venu de Gaillon tout exprès pour le prier de vouloir bien

---

[1] *Histoire générale du jansénisme*, t. II, p. 155 et 156. — [2] *Procès-verbaux des assemblées générales du clergé de Fr.*, t. IV; pièces justif.; p. 31, 2ᵉ col.; p. 47 et 48. — [3] *Ibid.*, p. 31-34, p. 51 et 54. — [4] *Ibid.*, p. 35 et 57. — [5] *Ibid.*, p. 17.

monter au château et y prendre son logement et sa table. Il partit donc en toute sécurité, faisant route avec Mgr de Séez, François Rouxel de Médavi; Mgr de Bayeux, François Servien, homme énergique, et Mgr d'Avranches, Gabriel de Boylesve, ancien conseiller au Parlement de Paris et descendant du célèbre prévôt Étienne Boylesve, en qui saint Louis avait trouvé le modèle des magistrats.

Les quatre évêques étaient à Louviers dans la matinée du 20 septembre, et se préparaient à remonter à cheval, ayant encore à peu près deux lieues à faire, quand le curé de Velz, maître Nicolas Leroux, arrivant du château, vint tout à coup signifier à Mgr le trésorier de la Sainte-Chapelle une sentence qui le déclarait suspens, irrégulier, en conséquence inhabile à siéger dans la future assemblée générale des prélats du royaume et même à faire partie de l'assemblée qui devait élire les députés de la province [1].

De quel crime ce pauvre prélat s'était-il donc rendu coupable? Paris se trouvant alors sans archevêque par la renonciation et la fuite du cardinal de Retz, il avait fait une ordination à Notre-Dame, sur la demande du chapitre et des vicaires capitulaires chargés de l'administration du diocèse; et le cardinal proscrit, se disant toujours archevêque, avait lancé de Rome, où il se trouvait alors, un mandement qui le déclarait soumis aux peines portées par les saints canons contre les évêques exerçant les fonctions épiscopales dans un diocèse étranger sans la permission de l'Ordinaire [2].

Tout porte à croire que les jansénistes avaient provoqué cette sentence; car c'est à Port-Royal que le cardinal, en guerre avec Mazarin, demandait surtout des conseils [3]; au moins est-il certain qu'ils en

---

[1] *Procès-verbaux des assemblées génér. du clergé de France; pièces justificatives*, p. 17 et 20. — [2] *Ibid.*, p. 88. — [3] Le cardinal de Retz, qui n'était pas janséniste, mais dont la politique mondaine ne fut pas assez scrupuleuse dans le choix de ses moyens, avait espéré triompher de la cour et du ministre en rangeant les jansénistes dans son parti. Il alla jusqu'à choisir deux grands vicaires, les abbés Contes et de Hodenq, parmi les disciples d'Arnauld; et il n'eut pas le courage de les révoquer lorsqu'ils publièrent, en 1661, au sujet du *formulaire*, un mandement dicté par Port-Royal, qui excita l'indignation de la cour romaine et de l'épiscopat français. Dès 1655 lui-même il demandait des inspirations aux solitaires de l'abbaye dont le jansénisme avait fait son quartier général. C'est là qu'avait été rédigée une lettre circulaire contenant des maximes hardies et séditieuses que ce cardinal adressa aux évêques de France, malgré l'avis du pape Alexandre VII, auquel il l'avait montrée, et qui fut brûlée à Paris par la main du bourreau après avoir circulé clandestinement. C'est de là encore qu'était parti le mémoire qu'il avait envoyé le 22 mai 1655 au chapitre de Notre-Dame pour le rattacher à sa cause. C'est donc là aussi qu'il faut chercher la première pensée de la condamnation d'un prélat ennemi du jansénisme.

profitèrent. Chose remarquable, elle avait été expédiée en toute hâte au château de Gaillon, et y était arrivée juste à temps pour éloigner leur ennemi des comices où tout faisait croire qu'il serait élu [1].

Fort de sa conscience et de l'appui du cardinal-ministre, Claude Auvri renvoya maître Nicolas Leroux sans lui donner de réponse, et se remit en route. A deux heures de relevée les quatre prélats étaient avec les députés de leurs diocèses dans la salle du château préparée pour les séances; la députation de Lisieux s'y trouvait aussi, mais sans évêque, quand François de Harlay entra. Mgr d'Évreux, qui l'accompagnait, prenant la parole, déclara que Mgr de Coutances devait se retirer, attendu la sentence qu'il avait reçue, le matin même, à Louviers, et dont on allait donner connaissance à l'assemblée. Lecture faite des pièces, les quatre prélats demandèrent à délibérer sur une exclusion qui avait de quoi les étonner beaucoup après les invitations faites par le métropolitain lui-même à l'évêque subitement condamné. La sentence du cardinal de Retz devait être examinée; et, fût-elle fondée en raison, il ne suffisait pas d'un *veto* personnel, il fallait un jugement en règle, avec monition et procédure canonique, pour priver de ses droits à l'assemblée un prélat convoqué par le roi et par les agents du clergé.

Après une discussion assez vive, l'archevêque quitta la salle, Mgr d'Évreux le suivit, Mgr de Coutances se retira aussi; et les trois évêques d'Avranches, de Bayeux, de Séez, demeurant sur leurs siéges, se prononcèrent en faveur de leur collègue condamné sans jugement. Ce fut aussi l'avis des députés d'ordre inférieur qui les avaient accompagnés, y compris ceux de Lisieux; et les députations des cinq provinces d'accord entre elles, s'étant réunies de nouveau le lendemain au même lieu, prononcèrent hardiment défaut contre celles de Rouen et d'Évreux, qui n'avaient pas paru.

François de Harlay avait patienté vingt-quatre heures, espérant gagner les trois prélats attachés à Claude Auvri; mais il n'y avait plus de temps à perdre. Il entre dans la salle où l'évêque de Coutances occupait la première place; il proteste, il traite son assemblée de conventicule; et, passant dans une autre salle, où les députations de Rouen et d'Évreux l'attendaient, il y ouvre à l'instant ses comices, et annonce

---

[1] L'évêque de Coutances, tant par son mérite personnel que par la faveur dont il jouissait à la cour, s'était mis à la tête des évêques de la Normandie; il avait toute espèce de chances non-seulement de siéger dans l'assemblée générale du clergé, mais d'être élu le premier des députés de sa province. Son exclusion était une bonne fortune pour Port-Royal. On s'y préoccupait fort de la sanction que tout l'épiscopat français, réuni à Paris, pourrait donner aux sentences des prélats présidés par Mazarin.

pour le lendemain la nomination des députés. Cet empressement était nécessaire, car l'assemblée rivale devait aussi ce jour-là procéder à ses élections.

Le lendemain donc, qui était le 22, les quatre évêques et les députations des cinq diocèses, s'étant présentés au château pour continuer leurs séances, trouvèrent les portes fermées; et le capitaine de garde, requis de les ouvrir, leur répondit que c'était chose inutile, puisque l'élection était faite. Dès le matin, en effet, l'archevêque et Mgr d'Évreux s'étaient hâtés d'en finir, et étaient tout naturellement sortis députés de leur assemblée, qui devait nommer deux évêques et n'avait pas eu à choisir. A cette nouvelle, et sur le refus d'ouvrir, les quatre prélats se rendent avec leurs abbés à l'église paroissiale, y tiennent leur dernière séance, et les évêques de Coutances et de Séez y sont élus.

Louis XIV, irrité de la conduite de l'archevêque de Rouen et de l'évêque d'Évreux, les manda l'un et l'autre à Fontainebleau, où il se trouvait alors. L'évêque ne tarda pas à faire son accommodement avec la cour; l'archevêque tint bon, et fut admis à plaider sa cause en présence du roi et de son conseil. Sa harangue fut solennelle. Le monarque se contenta de lui répondre : « J'attendais de vous plus de reconnaissance, » et lui fit signifier l'ordre de se retirer dans son diocèse avec défense d'en sortir. Le conseil d'État cassa ses actes; et l'évêque de Coutances, reçu dans l'assemblée générale du clergé, qui ratifia sa nomination, s'employa généreusement à réconcilier son métropolitain avec le monarque et son ministre [1].

Les solitaires de Port-Royal, ainsi trompés dans leurs calculs, étaient trop avisés pour attaquer de nouveau un homme qui triompherait toujours tant que Mazarin serait là pour le défendre. Il était plus sûr de profiter de sa fortune, en attendant qu'on pût l'abattre. On se mit donc à le *séduire*, suivant l'expression de Boileau, qui, sans doute, pensa à l'épisode que nous allons raconter quand il fit dire à Alain, dans le conseil tenu par les chanoines molinistes de la Sainte-Chapelle :

> Ce coup part, j'en suis sûr, d'une main janséniste.
> Mes yeux en sont témoins : j'ai vu moi-même hier
> Entrer chez le prélat le chapelain Garnier.
> Arnauld, cet hérétique ardent à nous détruire,
> Par ce ministre adroit tente de le séduire.

Il y a dans ces cinq vers tout un mystère dont, nous en sommes

---

[1] *Procès-verbaux des assemblées génér. du clergé*, t. IV, p. 16; *pièces justif.*, p. 17-22.

bien certain, les lecteurs de Boileau ne se doutent plus aujourd'hui. Brossette nous a bien dit que ce chapelain Garnier était Louis Lefournier, l'un des six chapelains perpétuels de la Sainte-Chapelle ; qu'il n'avait pas pris part aux démêlés du trésorier et du chantre ; que M. Arnauld allait le voir souvent et qu'il était traité de janséniste par le chanoine Aubery [1] ; mais ni Brossette ni ses successeurs dans l'interprétation du *Lutrin* ne nous ont révélé les séductions et les petits manéges auxquels le dernier de ces vers fait allusion.

Le traître signalé au chapitre par le moliniste Aubery était, en effet, le seul de la collégiale qui eût refusé de condamner Jansénius et sa doctrine en signant le *formulaire* prescrit par Alexandre VII; aussi l'appelait-on à Port-Royal l'*admirable* M. Fournier [2]. La mère Agnès et ses filles, auxquelles il envoyait tous les ans quelque aumône en secret, l'avaient en grande vénération et trouvaient en lui la prudence du serpent unie à la simplicité de la colombe. « Il n'avait pas craint, disaient-elles, de s'exposer à perdre son bénéfice plutôt que de manquer à ce qu'il devait à la vérité ; et Dieu avait permis qu'il lui fût conservé afin qu'il continuât de servir d'exemple à la Sainte-Chapelle [3]. » « Une juste reconnaissance voudrait que je dise beaucoup de bien de ce pieux ecclésiastique, s'écrie Nicolas Fontaine en le plaçant parmi les bienfaiteurs et les dévots de la fameuse abbaye ; mais j'avoue que de bonne foi je ne sais par où m'y prendre, tant je me trouve ébloui d'une infinité de choses qui se présentent à mon esprit [4]. »

Ce chapelain, sa maison et ses deux mille livres de rente servirent, en effet, merveilleusement le parti. Sa demeure était composée de cinq pièces : d'un tout petit cabinet, d'une mansarde et de trois chambres. Il logeait dans le cabinet, où son lit tenait à peine ; il avait donné la mansarde à un *saint* vieillard, réfractaire comme lui aux ordres de l'Église, à M. Nicolas Tiboust, qui était chanoine de l'église collégiale de Saint-Thomas-du-Louvre et qui travaillait comme lui à la conversion des chanoines ses confrères. Les trois chambres étaient toujours ouvertes aux jansénistes poursuivis par l'autorité ecclésiastique ou séculière et à messieurs les solitaires de Port-Royal-des-Champs quand leurs affaires les amenaient à Paris. C'est là que se cachèrent souvent le grand Arnauld, l'oracle de la secte ; M. de Sacy, son neveu, illustré par un long séjour à la Bastille ; M. Singlin, confesseur des re-

---

[1] *Note* sur le vers 176 du chant IV. — [2] Et non pas Lefournier, comme l'appelle Brossette. *Mémoires pour servir à l'histoire* de Port-Royal, par Fontaine, t. II, p. 420. (Cologne, 1738.) — [3] *Nécrologe de l'abbaye de Notre-Dame de Port-Royal-des-Champs*, au 22 janvier 1676. — [4] *Mémoires* de Fontaine, *ibid*.

ligieuses de Port-Royal pendant vingt-trois ans et leur supérieur pendant huit ; merveilleux directeur, auquel le chapelain avait lui-même confié sa scrupuleuse conscience. Car l'*admirable* M. Fournier était scrupuleux, et l'on sut tirer parti de ses pieuses inquiétudes. Il avait deux bénéfices à la fois ; c'était trop suivant les canons : on lui conseilla d'en céder un à M. Nicolas Letourneux, éloquent prédicateur et habile écrivain, qui, grâce aux encouragements et aux leçons qu'on lui donna, devint digne de confesser à son tour les filles endoctrinées par la mère Angélique et par la mère Agnès [1].

Mais revenons aux hôtes du chapelain, qui, dès 1656, avait fait de sa demeure un vrai nid de jansénistes. Chez lui descendait aussi, et plus fréquemment que tout autre, — car il courait beaucoup, — M. Saint-Gilles d'Asson, gentilhomme poitevin, qui était, nous dit Fontaine, « la consolation de M. Singlin par les voyages qu'il entreprenait, celle de M. Arnauld par ses ouvrages, celle de M. de Sacy par ses entretiens, celle des religieuses de Port-Royal par ses négociations, celle de tous ses amis par ses bons offices. » C'était un homme à tout, à la plume et au poil, ajoute le même historien ; et les ouvrages les plus embarrassants et les plus épineux étaient admirablement entre ses mains [2].

Ce fut cet habile homme qu'on chargea en 1656 de l'impression clandestine des *Lettres écrites à un provincial par un de ses amis*. Il se cacha d'abord avec le plus grand soin ; mais l'année suivante, en imprimant les dernières lettres, voyant, dit-il lui-même, *que les magistrats prenaient grand plaisir à voir dans ces pièces d'esprit la morale des jésuites naïvement traitée*, il se donna plus de liberté [3] ; et mal lui en prit. Car le chancelier Séguier, qui ne riait pas de ces spirituelles calomnies, l'ayant soupçonné et ne pouvant le faire saisir, ordonna au lieutenant civil de le faire crier deux jours de marché et citer à trois briefs jours à son de trompe. Saint-Gilles, ainsi trompetté par les rues de Paris, et condamné sur son refus de comparaître, en appela aux magistrats que les lettres anonymes de Pascal avaient si bien égayés ; et un arrêt du Parlement défendit de l'inquiéter.

Dans ce conflit du chef de la justice et des interprètes de la loi, Mazarin allait juger en faveur des officiers de la chancellerie, quand on se souvint à Port-Royal de l'appui qu'on pouvait trouver à la Sainte-Chapelle. Claude Auvri fut circonvenu. Saint-Gilles, homme aimable et insinuant, avait eu l'art de ne pas lui déplaire, tout janséniste qu'il était ; et « l'évêque de Coutances, dit Gerberon, accommoda son

---

[1] *Mémoires pour servir à l'histoire de Port-Royal*, p. 423-426. *Nécrologe* cité, au 28 novembre. — [2] *Mémoires* de Fontaine, t. II, p. 352 et 353. — [3] M. Sainte-Beuve, *Port-Royal*, t. II, p. 551.

affaire, en assurant Son Éminence que dans les écrits de Port-Royal que ce gentilhomme avait pu faire imprimer il n'y avait rien qui regardât l'affaire du cardinal de Retz [1]. »

L'abbé Fournier ne put pas être étranger à cet accommodement. Il eut, d'ailleurs, besoin lui-même, quatre ans plus tard, d'user d'habileté pour demeurer à la Sainte-Chapelle et pour garder son bénéfice sans signer le *formulaire*. C'est incontestablement à ces intrigues que Boileau fit allusion quand il parla des séductions d'Arnauld et de son *ministre adroit*, le chapelain Garnier.

La mort du redoutable ministre, arrivée en 1661, six ans avant le procès du lutrin, livra le trésorier et son chapitre moliniste aux traits du champion satirique de Port-Royal, qui, comme on le sait, ne manqua jamais une occasion de flageller les prélats et les docteurs dont son parti avait eu à se plaindre. Passons donc de l'histoire de ses personnages à l'étude de son habileté; et examinons, d'une part, la méchanceté de son plan, et, de l'autre, les longues précautions qu'il prit pour assurer le succès et l'impunité de ses hardiesses. Car s'il n'avait plus à redouter ni la Bastille, où Mazarin avait quelquefois fait renfermer les plus audacieux défenseurs des doctrines nouvelles, ni même les censures de la Sorbonne, attendu le moment de trêve donné aux jansénistes, en 1668, par ce qu'on appela *la paix de Clément IX*, il avait encore à craindre les réclamations de ses victimes et le blâme de la cour. Il va écrire avec tout le fiel de Pascal, et mener ses éditions avec plus d'adresse encore que Saint-Gilles.

II

LE PLAN DU LUTRIN.

Le plan du *Lutrin* est merveilleusement conçu : on y retrouve toute la tactique du parti qui l'inspira. C'est à Port-Royal qu'il faut chercher le secret des combinaisons du poëte et de ses créations fantastiques. Qu'a-t-il vu, qu'a-t-il voulu représenter dans l'ancien évê-

---

[1] *Histoire générale du jansénisme*, t. II, p. 373 et 374. (Amsterdam, 1700.) Il est permis de ne pas trop croire à la légèreté du mot qui tira Saint-Gilles des mains de la police, puisqu'elle ne nous est attestée que par un historien janséniste. Cependant ce propos est conforme aux circonstances politiques et religieuses où se trouvaient le cardinal et le trésorier. La vacance ou quasi-vacance du siége archiépiscopal durait encore : Mazarin poursuivait toujours le cardinal de Retz; et le cardinal de Retz, deux ans auparavant, avait poursuivi, comme nous l'avons vu, l'ami de Mazarin.

que de Coutances et dans tous ces chanoines en méfiance du seul ami qu'Arnauld eût à la Sainte-Chapelle? Tout ce que Port-Royal voulait qu'on vît dans ses adversaires : des hommes à morale relâchée, qui n'avaient pas voulu accepter la sévérité de sa réforme ; des ignorants ou des esprits médiocres, qui n'avaient pas su comprendre saint Augustin; des querelleurs orgueilleux, entêtés et violents, qui étaient venus barrer le chemin aux défenseurs de la vérité en leur intentant, à Paris comme à Rome, des procès ridicules. Boileau commence donc par mettre de côté le seul janséniste qu'il trouve à la Sainte-Chapelle, l'*admirable* M. Fournier; puis il partage tous les membres de la collégiale en deux camps divisés non pas d'opinion, mais d'intérêt; et il les fait combattre autour du lutrin avec les passions qu'on prêtait aux molinistes combattant pour le triomphe du *formulaire*.

D'abord tous seront des gens à morale relâchée, des amis de l'indolence et de la bonne chère. C'est par là qu'ils sont définis, et que le poëme commence :

> Parmi les doux plaisirs d'une paix fraternelle
> Paris voyait fleurir son antique Chapelle :
> Ses chanoines, vermeils et brillants de santé,
> S'engraissaient d'une longue et sainte oisiveté.
> Sans sortir de leurs lits, plus doux que leurs hermines,
> Ces pieux fainéants faisaient chanter matines,
> Veillaient à bien dîner, et laissaient en leur lieu
> A des chantres gagés le soin de louer Dieu.

Boileau n'a fait que mettre en vers ce qu'on disait à Port-Royal des chapitres de la Sainte-Chapelle et de Saint-Thomas-du-Louvre, où tout le monde avait lâchement signé le *formulaire*, à l'exception de l'*admirable* chapelain et du vieux chanoine logé dans sa mansarde, dont nous avons déjà entretenu nos lecteurs. « Sage vieillard, s'écrie l'abbé Fontaine en parlant de ce dernier, que vous en confondez d'autres!... Qu'ils rougissent en comparant leur mollesse avec vos abstinences, eux qui n'ont presque plus la force de vivre, et qui n'en ont que trop pour les excès du vin, et qui entassent les viandes l'une sur l'autre!... M. Fournier, qui logeait chez lui ce saint vieillard, dont il prenait et suivait tous les conseils, n'était pas, ajoute Fontaine, du nombre de ces bénéficiers qui ne pensent qu'à dévorer dans la joie les revenus de leur bénéfice. Étant bien logé chez lui, il pouvait avec ses deux mille livres, bien venant, vivre en riche chanoine; mais il avait horreur de cette vie, et prenait la frugalité pour son partage [1]. »

[1] *Mémoires*, t. II, p. 421-433.

Dans cette foule de voluptueux molinistes combattant autour du lutrin, deux hommes vont se distinguer, l'un dans son lit, par sa fastueuse indolence ; l'autre à table, par sa gourmandise héroïque. Sur qui tombera le choix du poëte? Sur le trésorier et sur le chanoine d'Ense, qui deviendra *le gras Évrard*.

> Dans le réduit obscur d'une alcôve enfoncée
> S'élève un lit de plume à grands frais amassée :
> Quatre rideaux pompeux, par un double contour,
> En défendent l'entrée à la clarté du jour.
> Là, parmi les douceurs d'un tranquille silence,
> Règne sur le duvet une heureuse indolence.
> C'est là que le prélat, muni d'un déjeuner,
> Dormant d'un léger somme, attendait le dîner.
> La jeunesse en sa fleur brille sur son visage :
> Son menton sur son sein descend à double étage ;
> Et son corps, ramassé dans sa courte grosseur,
> Fait gémir les coussins sous sa molle épaisseur.

Ce prélat si frais, si court et si dodu était pourtant un vieillard de soixante-sept ans, grand et maigre ; mais, nous dit Brossette, notre poëte, voulant faire un portrait de son héros, a dû le faire conforme au caractère qu'il lui donne dans son poëme sans s'embarrasser de la réalité[1]. Le chef des molinistes devait être, en effet, le plus gras ; ajoutons qu'il avait de quoi l'être, étant le plus riche de la Sainte-Chapelle.

Même système dans le camp opposé. Voyez tous ces chanoines éveillés en sursaut par l'horrible crécelle : l'un croit la Sainte-Chapelle en feu ; l'autre,

> Tenant midi sonné,
> En soi-même frémit de n'avoir pas dîné...
> Mais en vain dans leur lit un juste effroi les presse,
> Aucun ne laisse encor la plume enchanteresse.
> Pour les en arracher Girot s'inquiétant
> Va crier qu'au chapitre un repas les attend.
> Ce mot dans tous les cœurs répand la vigilance.
> Tout s'ébranle, tout sort, tout marche en diligence.
> Ils courent au chapitre, et chacun se pressant
> Flatte d'un doux espoir son appétit naissant.
> Mais, ô d'un déjeuner vaine et frivole attente !
> A peine ils sont assis que, d'une voix dolente,
> Le chantre désolé, lamentant son malheur,

[1] Chant I, v. 65, *note*.

> Fait mourir l'appétit et naitre la douleur.
> Le seul chanoine Évrard, d'abstinence incapable,
> Ose encor proposer qu'on apporte la table.

Alain pérore; il veut qu'à l'instant même chacun prenne un livre en main et se mette à étudier la question.

> Le gras Évrard d'épouvante en frissonne.

Pourquoi cet Évrard se distingue-t-il entre tous par sa gourmandise et son embonpoint? Boileau lui-même va nous l'apprendre. Il écrivait à Racine, le 4 juin 1693, à propos de l'abbé Jacques Boileau, son frère : « Jugez de sa surprise quand il apprendra tout d'un coup le bien imprévu et excessif que vous lui avez fait... Demandant pour lui la moindre de toutes les chanoinies de la Sainte-Chapelle, nous lui avons obtenu la meilleure après celle de M. l'abbé d'Ense. *O factum bene*[1]! » Or, *Évrard*, c'est cet abbé d'Ense : il fallait bien qu'il fût le plus gros des chanoines puisqu'il possédait le plus gros canonicat. Et voyez comme sa morale épicurienne est d'accord avec sa fortune; il répond à Alain :

> Songeons à vivre.
> Va maigrir, si tu veux, et sécher sur un livre.
> Pour moi, je lis la Bible autant que l'Alcoran.
> Je sais ce qu'un fermier nous doit rendre par an,
> Sur quelle vigne à Reims nous avons hypothèque.
> Vingt muids rangés chez moi font ma bibliothèque.
> . . . .
> Du reste déjeunons, messieurs, et buvons frais.

A en juger pourtant par la seule anecdote qui puisse nous instruire de ses habitudes à table, il ne paraîtrait pas que cet ami de la bonne chère fût fort au courant de l'étiquette des festins. « Un jour, dit J. B. Rousseau, ce chanoine d'Ense, étant à table avec M. Despréaux, s'avisa de lui servir une grappe de raisin avec la fourchette; et M. Despréaux sur-le-champ porta la sienne à son front pour le remercier[2]. » Le poëte qui chanta son ardeur pour les bons repas n'était-il pas plus versé que lui dans l'art de dîner en ville? Mais, nous le répétons d'après le mieux instruit des interprètes de Boileau, il s'agissait dans ces portraits d'une question de droit bien plus que d'une question de fait ou de personne : c'était un moliniste qu'il fallait peindre.

---

[1] *OEuvres de Boileau*, t. IV, p. 185 et 186. (Paris, 1821.) — [2] *Lettres de J. B. Rousseau sur différents sujets de littérature; lettre à Brossette*, t. II, p. 187.

Nous avons une autre preuve de ce système dans la magnificence des rideaux qui protégent le sommeil voluptueux de l'évêque à morale facile. « Cette description, dit encore Brossette, avait été faite de génie : l'auteur n'avait jamais vu ni l'alcôve ni le lit du trésorier. Cependant, ajoute-t-il avec la malice du poëte qui lui dicta la moitié de ses commentaires, elle se trouva conforme à la vérité[1]. »

Le chantre, rival du trésorier, représentera un autre caractère du molinisme : l'orgueil ambitieux, violent et ridicule. Il sera vieux, bien qu'il n'ait que cinquante ans, non-seulement pour contraster avec le jeune prélat, qui figure la Mollesse au teint vermeil, mais aussi pour rendre son rôle et ses prétentions plus grotesques.

> D'une longue soutane il endosse la moire,
> Prend ses gants violets, les marques de sa gloire,
> Et saisit, en pleurant, ce rochet qu'autrefois
> Le prélat trop jaloux lui rogna de trois doigts.
> Aussitôt, d'un bonnet ornant sa tête grise,
> Déjà l'aumusse en main il marche vers l'église ;
> Et, hâtant de ses ans l'importune langueur,
> Court, vole et le premier arrive dans le chœur.

Il faut qu'il y ait en outre des gens querelleurs dans les deux camps. Le chantre prendra conseil de Jean le choriste et du sonneur Girard :

> Deux Manceaux renommés, en qui l'expérience
> Pour les procès est jointe à la vaste science.

Le Nestor de la troupe opposée, le vieux Sidrac, sera grand chicaneur aussi.

> Il a seul autrefois plaidé tout un chapitre.

Il consolera le prélat par l'espoir d'humilier son rival en le couvrant du lutrin, et de lui intenter procès sur procès s'il ose le renverser.

> Alors de cent arrêts tu le peux terrasser.
> Pour soutenir tes droits, que le Ciel autorise,
> Abîme tout plutôt ; c'est l'esprit de l'Église.
> C'est par là qu'un prélat signale sa vigueur.
> Ne borne pas ta gloire à prier dans un chœur.
> Ces vertus dans Aleth peuvent être en usage ;
> Mais dans Paris plaidons : c'est là notre partage.

Voilà bien le jansénisme du poëte montrant le bout de l'oreille. L'évêque d'Aleth, Nicolas Pavillon, *qui bornait sa gloire à prier*, était, en effet, un homme bien paisible et bien accommodant : il laissait ses

---

[1] Chant I, vers 57, *note*.

diocésains professer en repos la nouvelle hérésie. Port-Royal en fit la perle des évêques de son temps [1]. Pourquoi les autres prélats n'imitaient-ils pas sa tolérance? Les disciples de Jansénius ne demandaient qu'à demeurer tranquilles. L'accommodement, selon eux, était bien aisé : ils consentaient à condamner les cinq propositions condamnées par le pape, pourvu qu'on leur permît d'ajouter que ces propositions n'étaient pas dans les livres de Jansénius, mais qu'elles avaient été inventées par leurs adversaires; en d'autres termes, des loups se résignaient à prendre la peau de brebis; et on les chassait du bercail, et on les poursuivait à outrance! L'esprit des molinistes et de leur église était donc, suivant Port-Royal, de *tout abîmer* plutôt que de céder dans une question de pur amour-propre; et Boileau fait dire ici au défenseur du lutrin ce que les jansénistes faisaient penser aux défenseurs du *formulaire*.

Il ne restait plus qu'à glisser quelque part une bonne grosse allusion à l'ignorance des molinistes, qui n'avaient pas su comprendre saint Augustin. Le chapitre délibère, hésitant entre *le gras Évrard*, qui veut qu'on dîne avant tout, et l'impétueux chantre, qui met la vengeance au-dessus de l'appétit : c'est là que devra apparaître le savoir de la collégiale, puisque les gros bonnets sont là. Comparez la science et les habitudes théologiques du chanoine Alain avec celles des casuistes ridiculisés par Pascal dix-huit ans auparavant, et vous verrez un résumé des *Provinciales* dans vingt vers du *Lutrin* [2].

C'est d'abord la même ignorance et le même mépris du saint docteur dont le jansénisme avait fait son palladium et que ses adversaires, bien entendu, ne comprenaient pas :

> Sans doute il aura lu dans *son* saint Augustin
> Qu'autrefois saint Louis érigea ce lutrin.

---

[1] *Mémoires* de Fontaine, t. II, p. 391. — [2] La première idée de ce rapprochement n'est pas de nous; elle vient d'une source moins suspecte en ces sortes de matières; elle appartient au moderne historien de Port-Royal, à M. Sainte-Beuve, homme aux aperçus si fins qu'il aurait pu dire le dernier mot sur les querelles du *formulaire* s'il avait eu ce qu'un homme du monde n'a pas toujours, autant d'orthodoxie que d'esprit. Ne faisant qu'un seul personnage de différents molinistes mis en scène par Pascal, M. Sainte-Beuve le retrouve dans celui de Boileau. « Je proposerais bien, dit-il, de l'appeler *Alain*, puisqu'à n'en pas douter c'est lui dans la personne d'Alain dont Boileau s'est souvenu quand il a dit, au chant quatrième du *Lutrin*, de ce *Lutrin* qui n'achève pas mal toute cette parodie de la Sorbonne entamée par les *Provinciales*: *Alain tousse et se lève*, etc. Mais cet Alain, s'il a été autrefois notre bonhomme de Père, n'est plus pourtant le même dans Boileau. Il a changé; il a pris de l'embonpoint, de l'importance : il tousse, il se rengorge. Non, notre bon Père de chez Pascal n'est pas encore Alain, et il faut le laisser sans nom; il a bien su vivre sans cela. » *Port-Royal*, t. III, p. 48.

C'est de plus la même préférence donnée aux théologiens modernes sur les Pères de l'Église. Que va feuilleter ce moliniste, qui abandonne à Arnauld *son* saint Augustin? Bauny, dont il a *vingt fois lu toute la somme*; Abély, *qu'il possède ad unguem*; Raconis, *qu'il sait tout* par cœur :

> Consultons sur ce point quelque auteur signalé;
> Voyons si des lutrins Bauny n'a point parlé.
> . . . .
> Que chacun prenne en main le moelleux Abély.

Et dans cette estime d'Alain pour le P. Bauny ne reconnaît-on pas encore le moliniste de Pascal, qui, à tout moment, jure par ce théologien, que quelques propositions relâchées avaient fait mettre justement à l'index, mais dont les jansénistes avaient malicieusement fait un corrupteur de la morale?

Il y a, enfin, de la ressemblance jusque dans le choix du casuiste. Celui des *Provinciales* était un directeur du grand monde, un confesseur de maréchales et de marquises[1]; et celui du *Lutrin* est le confesseur du premier président.

Ce choix et ce rôle du confesseur de Lamoignon dans un poëme dédié à Lamoignon lui-même nous ramènent à une difficulté que nous avons déjà énoncée. Comment ce grave et religieux magistrat put-il encourager cette insulte faite à un homme qu'il honorait de tant d'estime et de confiance? Comment, en outre, put-il accepter le patronage et par là même la responsabilité d'une satire où l'on affligeait un évêque respectable, où l'on bafouait tout le clergé d'une église dont il était le fervent paroissien, où se trouvaient des plaisanteries aussi mal sonnantes que celle-ci :

> La déesse en entrant, qui voit la nappe mise,
> Admire un si bel ordre et reconnaît l'Église.

La réponse à ces questions va se trouver dans les précautions prises par le poëte pour assurer l'impunité de sa satire. Passons donc de l'habileté de son plan à celle de ses éditions et de ses préfaces. Cette dernière étude complétera l'intelligence du poëme, et ne sera pas, d'ailleurs, la moins curieuse. Nous suivrons l'ordre des temps : c'est de l'histoire.

---

[1] « Le Père me parut surpris, et plus encore du passage d'Aristote que de celui de saint Augustin. Mais comme il pensait à ce qu'il devait dire, on vint l'avertir que madame la maréchale de ... et madame la marquise de ... le demandaient. » (*Quatrième lettre*, fin.)

Boileau, lorsqu'il donna, en 1674, la première édition de son poëme, mit en tête cet *Avis au lecteur* : « Je ne ferai point ici comme Arioste, qui quelquefois, sur le point de débiter la fable du monde la plus absurde, la garantit vraie d'une vérité reconnue, et l'appuie même de l'autorité de l'archevêque Turpin [1]. Pour moi, je déclare franchement que tout le poëme du *Lutrin* n'est qu'une pure fiction, et que tout y est inventé, jusqu'au nom même du lieu où l'action se passe. Je l'ai appelé Pourges, du nom d'une petite chapelle qui était autrefois proche de Montlhéry. » En effet, le poëme, en 1674, commençait ainsi :

> Je chante les combats et ce prélat terrible
> Qui, par ses longs travaux et sa force invincible,
> Dans Pourges autrefois exerçant son grand cœur,
> Fit placer à la fin un lutrin dans un chœur.

Brossette nous raconte à ce sujet une curieuse anecdote : « L'auteur, dit-il, ne voulant pas nommer la Sainte-Chapelle de Paris, avait mis, *dans Bourges autrefois,* etc., parce qu'il y a aussi une Sainte-Chapelle dans la ville de Bourges. Mais, après l'impression, il fit effacer, avec la pointe du canif, une partie du B qui est dans le mot *Bourges*; et de cette lettre on fit un P. Ainsi *Bourges* fut changé en *Pourges*, comme on le peut voir encore dans les exemplaires de l'édition in-4° de l'année 1674. Dans celle de 1675 on ne mit qu'un P.... suivi de quatre points [2]. » Ouvrez, en effet, les plus anciens exemplaires du *Lutrin*, et vous y verrez encore la trace de cette substitution de lieu, dans laquelle la prudence du poëte se trouva d'accord avec sa malice. La colère des chapelains de Bourges ne devait guère l'effrayer ; mais en mettant *Pourges*, il avait une lettre initiale, qui, suivie plus tard de quatre points, indiquerait Paris.

Comme personne n'avait pu s'y méprendre, et que son intention était bien d'habituer le public à ses hardiesses, Boileau, huit ans plus tard, donnant une troisième édition du *Lutrin,* remplaça son premier *Avis au lecteur* par un autre que voici :

« Il serait inutile maintenant de nier que ce poëme a été composé à l'occasion d'un différend assez léger qui s'émut dans une des plus célèbres églises de Paris entre le trésorier et le chantre. Mais c'est tout ce qu'il y a de vrai. Le reste, depuis le commencement jusqu'à la fin, est une pure fiction ; et tous les personnages y sont non-seule-

---

[1] Turpin, archevêque de Reims, passa longtemps pour l'auteur d'une histoire fabuleuse des gestes de Charlemagne et du célèbre Roland. — [2] *Note de* Brossette sur le troisième vers du premier chant.

ment inventés, mais j'ai eu soin même de les faire d'un caractère directement opposé au caractère de ceux qui desservent cette église, dont la plupart, et principalement les chanoines, sont tous gens non-seulement d'une fort grande probité, mais de beaucoup d'esprit, et entre lesquels il y en a tel à qui je demanderais aussi volontiers son sentiment sur mes ouvrages qu'à beaucoup de messieurs de l'Académie. Il ne faut donc pas s'étonner si personne n'a été offensé de l'impression de ce poëme, puisqu'il n'y a en effet personne qui y soit véritablement attaqué. Un prodigue ne s'avise guère de s'offenser de voir rire d'un avare, ni un dévot de voir tourner en ridicule un libertin [1]. »

Le dernier coup était porté, et l'auteur s'était mis à couvert de toute réclamation de la part de ses victimes. Le moyen de se plaindre en public après de pareils compliments, et surtout après une déclaration aussi compromettante pour qui ne voudrait pas s'en contenter? C'était l'application de cette réponse d'Horace à ceux qu'indignait la liberté de ses satires : Quoi donc! quand Lucilius démasquait les hypocrites, et les habillait dans ses vers selon leur mérite, est-ce que les gens de bien d'alors, Lélius et Scipion l'Africain, s'en offensaient [2]? La ruse n'était donc pas neuve ; mais Boileau l'avait rajeunie par un tour de passe-passe qui dut sauter à tous les yeux. Le chapitre de 1683, complimenté dans cette préface, n'était plus le chapitre de 1667, ridiculisé dans *le Lutrin*.

L'année même où ces compliments parurent, Jacques Barrin, fatigué de son bâton de chantre, l'avait déposé et s'était retiré dans le diocèse de Beauvais, à son prieuré du Lay [3]. Charles de Saveuses était mort en 1670, Louis Fournier en 1676 [4] et Christophe Barjot en 1682 [5]. A la place de ces quatre personnages étaient venus s'asseoir au chœur de la Sainte-Chapelle Louis Barrin, auquel son oncle avait laissé son canonicat; un nouveau Barjot, qui succédait pareillement à son oncle ; un jeune chevalier de quatorze ans, Armand de Blacfort, et le célèbre janséniste Nicolas Letourneux, confesseur des religieuses de Port-Royal, qui, l'année même de son installation, avait remporté le prix de l'Académie française [6]. Joignons à ces nouveaux venus Gilles Dongois, neveu de Boileau, chanoine aussi de la Sainte-Cha-

---

[1] Édition de 1683. — [2] *Sat.*, II, 1, v. 63-68. — [3] Il y mourut en 1689, âgé de soixante-treize ans. (Morand, *Histoire de la Sainte-Chapelle*, p. 296.) — [4] *Ibid.*, p. 300. *Nécrologe de Port-Royal*, au 22 janvier. — [5] Christophe Barjot, fils de Jean Barjot, seigneur d'Auneuil et de Marché-Froid, maître des requêtes, était chanoine de la Sainte-Chapelle depuis le 6 août 1642. Il mourut en 1682, le 11 juillet, et Gilles Dongois fit son épitaphe. (*Ibid.*, p. 298.) — [6] *Ibid.*, p. 296, 298, 302 et 305.

pelle depuis vingt ans [1] ; et nous comprendrons que le chantre du *Lutrin* dut trouver là des gens de probité et d'esprit ; et *tel* à qui il aurait demandé aussi volontiers des avis sur ses ouvrages qu'à beaucoup de messieurs de l'Académie.

Despréaux avait su d'ailleurs construire sa phrase, ou plutôt l'embarrasser de façon à laisser dans ce sénat rajeuni des places pour les imbéciles. Car le trésorier, héros du poëme, l'abbé d'Ense, représenté par *le gras Evrard*, et le pieux abbé Aubery, *Alain qui toujours tousse*, étaient encore au nombre des vivants. C'était à leur adresse, ainsi qu'à celle du chantre vieillissant loin de Paris, qu'était l'adroit et plaisant désaveu de toute personnalité. Le poëme, au dire de Boileau, n'était, sauf le procès du lutrin, qu'*une pure fiction* ; et l'auteur *avait même eu soin de faire les personnages d'un caractère directement opposé au caractère de ceux qui desservaient la Sainte-Chapelle*. En effet, rappelons-nous que, dans l'intérêt même de sa satire, il avait donné à ses molinistes une physionomie extérieure différente de celle qu'ils avaient dans la réalité. Il pouvait donc dire agréablement à ses victimes : « De quoi vous plaignez-vous, Monseigneur? Le prélat du *Lutrin* a double menton, et Votre Grandeur est desséchée par ses abstinences ; il est de petite taille, et la vôtre est majestueuse ; il est jeune, et à l'époque où je le peignais vous aviez près de soixante-dix ans. Et vous, monsieur Barrin, mon chantre est un vieillard, et vous aviez à peine atteint la cinquantaine. Et vous, monsieur l'abbé Aubery, n'êtes-vous pas le frère aîné d'un historien érudit, qui vous a dû sa première instruction [2]? Ne sait-on pas que feu M. le premier président vous honorait de toute sa confiance? M'aurait-il pardonné de vous avoir représenté sous les traits d'*Alain*? Ce n'est pas vous. » Brossette nous apprend qu'en effet ce chanoine Aubery, qui, comme *Alain*, ne pouvait jamais ouvrir la bouche sans tousser une fois avant de parler, lut *le Lutrin* à plusieurs reprises, et ne songea pas qu'il s'y trouvait [3].

Ce vénérable chanoine, qui était dans sa quatre-vingt-deuxième année quand Boileau le consolait par cette déclaration sur la nature toute fantastique de ses personnages, alla rejoindre, quelques mois

---

[1] L'abbé Dongois, né de Jean Dongois, greffier de la chambre de l'Édit, et d'Anne Boileau, sœur de l'auteur du *Lutrin*, devint chanoine de la Sainte-Chapelle le 3 mai de l'année 1663, et mourut le 7 novembre 1708. Il était fort versé dans les antiquités, et il laissa des notes précieuses pour l'histoire de la Sainte-Chapelle. (*Ibid.*, p. 301.) — [2] Le chanoine Aubery était le frère aîné d'Antoine Aubery, avocat, écrivain infatigable, précipité et diffus, qui composa deux volumes in-folio, huit volumes in-4° et une demi-douzaine d'in-12. Cet Antoine Aubery a fait entre autres les histoires des cardinaux de Richelieu et Mazarin ; et là, comme ailleurs, l'érudition est loin de racheter le manque de logique et de goût, qui le rend obscur et illisible. — [3] Chant IV, v. 169, *note*.

après, dans une vie meilleure, son illustre pénitent, pieusement décédé en 1677. C'est à l'éloge de ce grand magistrat qu'est consacrée toute la fin du second *Avis au lecteur*, et c'est là que son nom parut à la tête du *Lutrin* pour la première fois.

« Je ne dirai point, continue l'auteur, comment je fus engagé à travailler à cette bagatelle sur une espèce de défi qui me fut fait en riant par feu M. le premier président de Lamoignon, qui est celui que j'y peins sous le nom d'Ariste. Ce détail, à mon avis, n'est pas fort nécessaire ; mais je croirais me faire un trop grand tort si je laissais échapper cette occasion d'apprendre à ceux qui l'ignorent que ce grand personnage, durant sa vie, m'a honoré de son amitié. » Suit un long panégyrique où les vertus du magistrat deviennent tout naturellement la justification du poëte et de ses satires.

Il y avait bien quelque chose à redire à cette déclaration un peu tardive. Pradon, le pauvre Pradon, toujours à l'affût de ce qui pouvait ébranler l'autorité de son terrible adversaire, cria au scandale, non sans quelque raison, mais avec une exagération et une amertume qui gâtèrent son argument.

> Que cet homme important, ce grand panégyriste
> Dresse un beau mausolée à la gloire d'Ariste
> Quand de ses vers malins il le rend protecteur
> Et de son cher Lutrin le complice et l'auteur !
> A l'entendre parler, il en fit ses délices ;
> Il adorait sa veine, il aimait ses caprices.
> Sans ce fidèle Achate il n'eût su faire un pas :
> L'un était le David, l'autre le Jonathas.
> Non, je ne puis souffrir une telle imposture ;
> C'est pour se faire honneur qu'il lui fait cette injure [1].

Sans vouloir jeter aucun nuage sur l'amitié de ces deux grands hommes, sans même prétendre, avec Pradon, que le grave et religieux Lamoignon ne fut pour rien dans cette satire peu digne, en effet, de son illustre patronage, nous sommes obligé de reconnaître dans cette sanction d'outre-tombe un second tour de passe-passe dans le genre de celui que nous avons déjà signalé. Du vivant de ce magistrat le poëme, édité par deux fois, demeura toujours incomplet. Il meurt, et six ans après paraît une troisième édition avec deux nouveaux chants, le cinquième, qui est le plus grotesque de tous, et le sixième, qui est consacré tout entier à la louange d'*Ariste*, c'est-à-dire du premier président.

[1] *Épitre à Alexandre.*

> . . . . Toi qui fis ce merveilleux ouvrage,
> Ariste, c'est à toi d'en instruire notre âge.
> Seul tu peux révéler par quel art tout-puissant
> Tu rendis tout à coup le chantre obéissant.
> Tu sais par quel conseil rassemblant le chapitre
> Lui-même, de sa main, reporta le pupitre ;
> Et comment le prélat, de ses respects content,
> Le fit du banc fatal enlever à l'instant.
> Parle donc ; c'est à toi d'éclaircir ces merveilles.
> Il me suffit, pour moi, d'avoir su, par mes veilles,
> Jusqu'au sixième chant pousser ma fiction
> Et fait d'un vain pupitre un second Ilion.

Dans son premier *Avis au lecteur* Boileau avait dit en parlant de la *bagatelle* dont il ne donnait au public que les quatre premiers chants : « J'aurais bien voulu la lui donner achevée ; mais des raisons très-secrètes, et dont le lecteur trouvera bon que je ne l'instruise pas, m'en ont empêché. » Ces raisons *très-secrètes* étaient tout simplement, d'après Brossette, que l'auteur n'avait pas encore terminé son poëme ; en sorte qu'il ne faudrait voir dans cette excuse mystérieuse qu'un de ces innocents artifices dont les écrivains se servent quelquefois pour donner le change au public et piquer sa curiosité. Jean-Baptiste Rousseau aimait mieux y voir l'embarras de Boileau, qui craignait de blesser la délicatesse du premier président Lamoignon en le faisant intervenir dans une action aussi comique [1]. Ce n'était là qu'une conjecture ; voici des faits :

Avant la première édition du *Lutrin*, donnée en 1674, ce poëme était déjà connu par des fragments que l'auteur faisait circuler sans doute pour essayer le jugement du public. On y lisait :

> Je chante le *pupitre* et ce prélat terrible
> Qui, par ses longs travaux et sa force invincible,
> Dans *la Sainte-Chapelle* exerçant son grand cœur,
> Fit placer à la fin un lutrin dans le chœur.
> *Illustre Lamoignon*, dont la sage entremise, etc.

Ou bien, d'après les notes de Brossette : *Et toi, grand Lamoignon*[2]. Pourquoi, quand le poëme, attendu pendant trois ou quatre ans, parut enfin en quatre chants, le nom du premier président avait-il été effacé et remplacé par cette vague apostrophe : *Et toi, fameux héros ?* Évi-

---

[1] *Lettres de Rousseau sur différents sujets de littérature*, t. II, p. 213.
— [2] Chant I, vers 13, *note. Œuvres de Boileau Despréaux, avec les Commentaires* de Saint-Surin, t. II, p. 317, *note*.

demment pour quelque raison pareille à celle qui, dans le vers précédent, à la place de cet hémistiche trop hardi, *dans la Sainte-Chapelle*, fit mettre *dans Bourges autrefois*, puis *dans Pourges*, puis *dans P....*, puis enfin *dans une illustre église*. Quand même nous accorderions que le premier président ne reconnut pas son confesseur dans *Alain* malgré sa toux; que, trompé sur quelques autres allusions dont le secret demeurait à Port-Royal pour le divertissement des *solitaires*, il ne comprit pas toute l'intention du poëte; il vit certes assez d'autres méchancetés dans *le Lutrin* pour ne pouvoir en accepter solennellement la dédicace et en prendre la responsabilité. C'était déjà bien assez que d'en rire dans ses soirées, comme le Parlement avait ri de la comédie des *Provinciales*.

Il y eut donc, dans ce sixième chant et dans ce second *Avis au lecteur*, un tour d'adresse, non pas à l'intention des contemporains, qui avaient vu le premier président disparaître de la scène du monde avant la publication de sa complicité, mais à celle de la postérité, qui ne songerait plus au rapprochement des dates. Le jeu de l'auteur n'a pas manqué : ses lecteurs d'aujourd'hui admettent l'entente parfaite du poëte et du magistrat; et le patronage posthume passe sans réflexion de la part même des commentateurs du *Lutrin*, bien qu'ils aient chargé ce poëme d'éclaircissements de toute espèce.

A défaut de dates, la littérature même du sixième chant aurait pu suffire pour expliquer l'embarras de sa composition. Tous les critiques l'ont remarqué avant nous : ce chant ne ressemble en rien aux cinq autres; il n'en a ni la verve, ni le ton, ni la couleur. Il est froid, pâle, ennuyeux; et tout son mérite est dans une versification sagement mesurée. Les héros même du poëme y disparaissent; le merveilleux y change de nature, et l'action y est remplacée par d'interminables discours. C'est évidemment une seconde conception, postérieure à la première, une pièce rapportée, un appendice pour la justification du reste. Ariste y paraît dans tout l'éclat de sa vertu; il y reçoit l'hommage du poëte; et la satire est consacrée par sa piété [1].

Ce chant aurait encore pu suffire à la critique pour découvrir l'intention janséniste des cinq autres. La Piété personnifiée y parle à Thémis comme parlait la mère Angélique au milieu de ses filles. C'est évidemment à Port-Royal que cette déesse avait fait ses études et son noviciat. Citons quelques-unes de ses sentences : nous ne ferons qu'y changer le temps des verbes.

Voici ce qu'est devenue l'Église depuis que les casuistes à morale

---

[1] « La fin de ce poëme, dit Laharpe, ne semble faite que pour amener l'éloge du président de Lamoignon. » *Cours de littérature*, t. VI, p. 249. (Paris, an VII.)

relâchée ont rempli les cloîtres, les chapitres, les évêchés, les tribunaux ecclésiastiques, les chaires de théologie et les confessionnaux.

> Le moine *a secoué* le cilice et la haire ;
> Le chanoine indolent *apprend* à ne rien faire ;
> Le prélat, par la brigue aux honneurs parvenu,
> Ne *sait* plus qu'abuser d'un ample revenu ;
> Et, pour toutes vertus, *fait* au dos d'un carrosse,
> A côté d'une mitre, armorier sa crosse !

Il fallait bien quelque coup de patte en passant pour les évêques, puisque, sur près de cent trente prélats français, il ne s'en était trouvé que quatre assez austères pour braver avec Arnauld et Nicole les décisions du chef de l'Église.

> Dans mes cloîtres sacrés la Discorde introduite
> Y bâtit de mon bien ses plus chers arsenaux,
> *Traine* tous mes sujets au pied des tribunaux !

Allusion évidente aux poursuites dirigées contre les religieux et les prêtres séculiers qui refusaient de signer le *formulaire*. C'est dans les *Mémoires de Port-Royal* qu'il faut en chercher l'intelligence et le commentaire. « On ne pouvait, dit Fontaine, souffrir en place un ecclésiastique de piété ou quelque homme de mérite : tous leurs bénéfices étaient au pillage ; toutes les villes du royaume devinrent fameuses par leur bannissement… C'était peu que toutes les plumes fussent aiguisées et envenimées contre eux ; les tribunaux étaient obsédés, et les lieux les plus sacrés de la justice rougissaient des arrêts injustes qu'on y prononçait[1]. »

> Pour comble de misère, un tas de faux docteurs
> *Vient* flatter les péchés de discours imposteurs,
> *Infecte* les esprits d'exécrables maximes
> *Et veut* faire à Dieu même approuver tous les crimes !

Voilà bien cette parenté du *Lutrin* et des *Provinciales* que nous avions déjà montrée, avec M. Sainte-Beuve, dans le discours d'*Alain*[2]. Quiconque a lu les lettres de Pascal se rappellera ces *exécrables maximes* et ces casuistes trouvant toujours moyen, à l'aide du probabilisme, de justifier tous les crimes[3].

---

[1] T. II, p. 371 et 372. — [2] Ci-dessus, p. 28. — [3] Les jansénistes, voulant détourner l'attention du public et porter ailleurs la tempête soulevée contre les cinq propositions, inventèrent un système de morale relâchée qu'ils prétendirent avoir trouvé dans les théologiens de la Sorbonne et de la Compagnie de Jésus, en publièrent le *maximes*, et réussirent à faire un effroyable tapage,

Une servile peur *tient* lieu de charité;
Le besoin d'aimer Dieu *passe* pour nouveauté;
Et chacun à mes pieds, conservant sa malice,
N'*apporte* de vertu que l'aveu de son vice!

Voilà Pascal encore. Ces quatre vers résument sa lettre, *faite de concert avec M. Arnauld, sur les adoucissements que les jésuites ont apportés au sacrement de pénitence par leurs maximes touchant la confession... la contrition et l'amour de Dieu* [1]. Boileau ébauche là son épître sur *l'amour de Dieu*, dans laquelle, douze ans plus tard, il fera soutenir aux adversaires du jansénisme que pour être absous au tribunal de la pénitence il suffit d'y *décharger sa mémoire*, et que pour être sauvé on n'a pas besoin d'aimer Dieu [2].

Non, encore une fois, le grave et pieux Lamoignon n'a pas autorisé tout cela; et de deux choses l'une : ou bien, suivant la supposition de Brossette, il n'a jamais vu ce sixième chant dans lequel Boileau le fait janséniste avec lui; ou bien, selon la conjecture de J. B. Rousseau, il y mit son *veto*, comme il l'avait mis au début du poëme, où son nom devait paraître. Qu'on choisisse; pour nous c'est la seconde hypothèse qui nous semble la plus vraisemblable. Car nous aurions peine à croire qu'il fallut neuf années au poëte pour versifier ses deux derniers chants. Les quatre premiers ne lui avaient demandé que deux ans.

L'étude des trois premières éditions du *Lutrin* révèle encore une des précautions prises par l'auteur pour ne pas se compromettre avec les *puissances*, comme dit La Fontaine. Sous l'escalier de la Sainte-Chapelle habitait un perruquier fameux dans tout Paris par sa vigueur athlétique et par sa hardiesse. De sa boutique il faisait la police dans la cour attenante, mettant ordre sur-le-champ au moindre tumulte, et chassant, à coups de fouet, les enfants et les chiens du quartier; à coups de bâton, les filous et les tapageurs qui se mêlaient à la foule dans les grandes affluences du peuple, aux jours des solennités. On parlait encore, en 1674, de ses hauts faits au temps de la Fronde; on l'avait vu, se faisant place au milieu d'une populace mutinée, courir à l'hôtel de ville qu'on incendiait et en tirer deux ou trois de ses amis. C'était Didier l'Amour. La compagne de cet *Adonis* redoutable n'était pas moins célèbre par ses emportements et par son humeur hargneuse; si bien qu'ils passent l'un et l'autre pour avoir fourni à

qui, en effet, compromit la réputation de leurs adversaires. Ce n'est pas le cas de réfuter leurs accusations calomnieuses; il nous suffit d'avoir indiqué ici une nouvelle preuve de l'esprit qui inspira ce poëme.

[1] C'est la dixième de ses *lettres à un provincial*. — [2] Voyez le *Recueil* précédent, p. 245.

Molière les aimables caractères de *Sganarelle* et de *Martine* dans son *Médecin malgré lui*. Boileau se vante même de lui avoir indiqué ce charmant couple, dont il a tiré un parti si comique [1]. Il était donc impossible que l'auteur du *Lutrin* ne songeât pas lui-même à ces deux personnages, et nous voyons qu'en effet il les introduit dans son action dès le premier chant :

> . . . . . Bientôt on voit paraître au jour
> Le nom, le fameux nom du perruquier l'Amour.
> Ce nouvel Adonis, à la blonde crinière,
> Est l'unique souci d'Anne sa perruquière...
> Ce perruquier superbe est l'effroi du quartier,
> Et son courage est peint sur son visage altier.

Mais quand ces vers parurent-ils? Quand le redoutable Didier ne fut plus capable de se mettre en colère, en 1701, quatre ans après sa mort, arrivée le 1er mai de l'année 1677 [2]. Dans les éditions précédentes on lisait :

> . . . . . Bientôt on voit paraître au jour
> Le nom, le fameux nom de l'horloger Latour.
> Ce nouvel Adonis, à la taille légère,
> Est l'unique souci d'Anne son horlogère.

Terminons par une remarque sur la comparaison qu'on pourra faire entre notre travail et les *éclaircissements historiques donnés à Brossette par Boileau lui-même*. Comment se fait-il qu'il nous soit resté tant de choses à dire après cet interprète, qui connaissait Despréaux; qui, pour obtenir de lui les secrets du *Lutrin*, le poursuivait de ses lettres, avec accompagnement de jambons et de fromages [3]? Le poëte lui faisait ordinairement répondre par son frère, le chanoine de la Sainte-Chapelle ; et les renseignements étaient envoyés avec une parcimonie peu commune aux écrivains flattés par la promesse d'un

---

[1] « Molière a peint le caractère de Didier l'Amour dans *le Médecin malgré lui*, à la fin de la première scène, sur ce que M. Despréaux lui en avait dit. » (Note de l'édition de 1713.) — [2] Voyez les trois *notes* de Brossette sur les vers 216, 218 et 223 du premier chant. — [3] Le 4 mars 1703 Boileau écrivait à Brossette, après avoir été longtemps sans lui donner signe de vie : « C'est une chose étrange que, tout le monde étant empressé à vous répondre, celui-là seul qui a plus de raisons de l'être ne le soit point. Il me semble cependant que c'est votre faute, puisque c'est votre trop grande facilité à me pardonner mes négligences qui me rend négligent. Mais quoi ! bien loin de m'accuser de mon peu de soin, peu s'en faut que vous ne vous excusiez de votre trop d'exactitude. Encore ne vous bornez-vous pas aux seules excuses ; mais vous les accompagnez de jambons, de fromages qui feraient tout excuser quand même vous auriez tort. » *Œuvres*, t. IV, p. 451. (Paris, 1821.)

commentaire. C'est que Boileau, qui avait commencé son *Lutrin* à trente-quatre ou trente-cinq ans, dans toute la chaleur de l'âge et des animosités, en avait alors soixante-sept, et que la tombe s'était fermée sur ses victimes. Nous aimons à voir dans cette réserve d'un grand homme la noblesse d'âme qui laisse reposer en paix des ennemis endormis pour toujours.

Comperit invidiam supremo fine domari.

Il approchait lui-même du terme où il aurait besoin de pardon. Le trésorier avait été enterré en 1687, le 9 juillet, dans le chœur de la Sainte-Chapelle, et huit ans après Boileau Despréaux fut couché froid et silencieux dans la chapelle basse, au-dessous du lutrin et du prélat qu'il avait si tristement immortalisés.

www.ingramcontent.com/pod-product-compliance
Lightning Source LLC
Chambersburg PA
CBHW060504050426
42451CB00009B/804